1912 - Février - 16.

(N° 258)   COLLECTION de M. Edmond HARAUCOURT

Vente du Vendredi 16 Février 1912 - interdite par le Parquet.

HOTEL DROUOT   SALLE N° 9

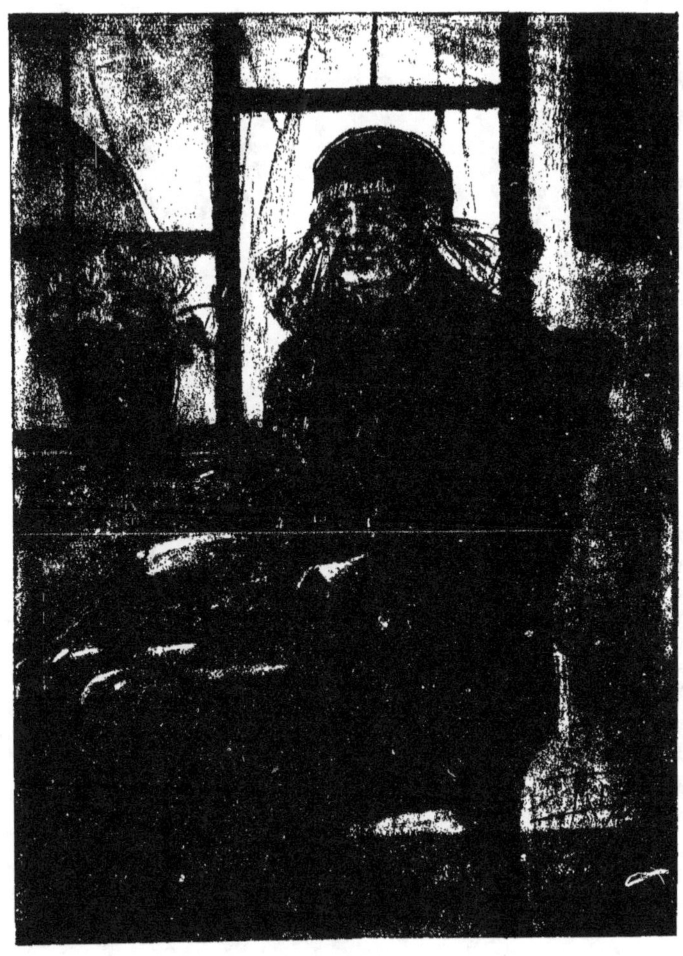

N° 8 du Catalogue.

ŒUVRE GRAVÉ

DE

FÉLICIEN ROPS

Mᵉ LAIR-DUBREUIL.   M. LOYS DELTEIL

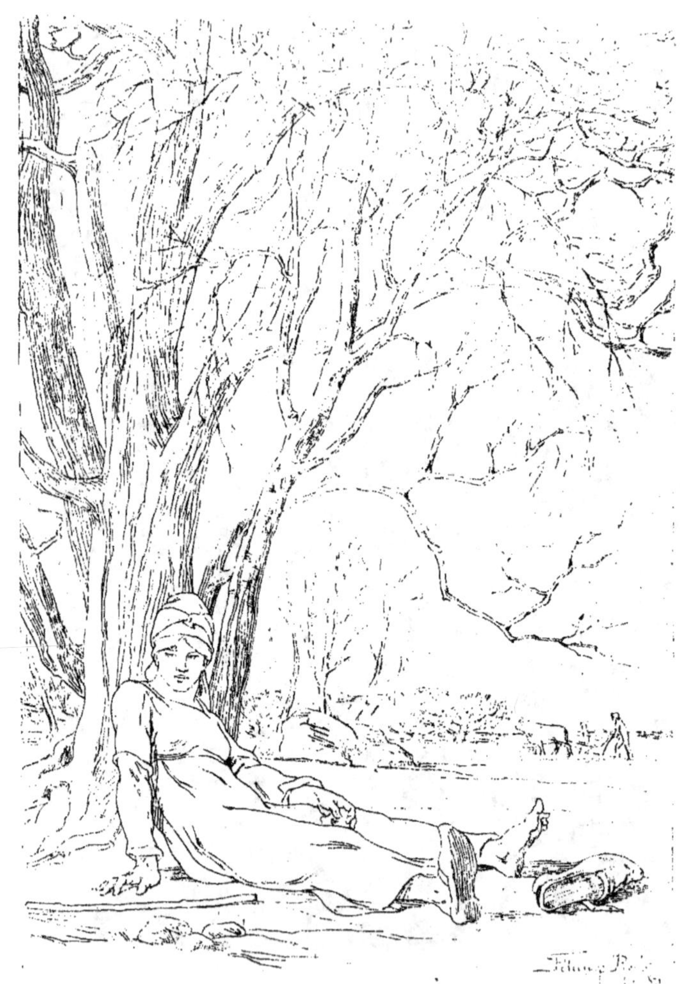

Nᵒ 57 du Catalogue.

CATALOGUE

DE

L'ŒUVRE GRAVÉ

DE

FÉLICIEN ROPS

Faisant partie de la Collection de M. Edm. HARAUCOURT

Dont la vente aura lieu

à Paris, HOTEL DROUOT, Salle N° 9

Le Vendredi 16 Février 1912

à 2 heures précises

Par le ministère de Mᵉ F. LAIR-DUBREUIL

6, Rue Favart, 6

Assisté de M. LOYS DELTEIL, Graveur et Expert

2, Rue des Beaux-Arts

CONDITIONS DE LA VENTE

Elle sera faite au comptant.

Les adjudicataires paieront *dix pour cent* en sus des enchères.

M. Loys Delteil remplira les commissions que voudront bien lui confier les amateurs ne pouvant y assister.

MM. les amateurs pourront visiter la collection, 2, *rue des Beaux-Arts*, du Lundi 12 au Jeudi 15 Février 1912, de 2 heures à 5 heures.

DÉSIGNATION

ŒUVRE GRAVÉ

DE

FÉLICIEN ROPS

1. Billet à ordre (E. Ra-
miro 4) — Billet à
désordre (73) — Let-
trine de l'auteur.
Trois pièces. Très
belles épreuves (deux
avec autographe).

2. La Buveuse d'absinthe
(7) — Femme à la
toque écossaise (23).
Très belles épreuves
sur japon.

3. Norvégienne (32). Su-
perbe épreuve.

4. Prêtre Russe (43) état
— Le Moujick (49).
Deux pièces. Très
belles épreuves.

5. La grande Femme à la
fourrure assise (46).
Très belle épreuve
sur japon, *signée*.

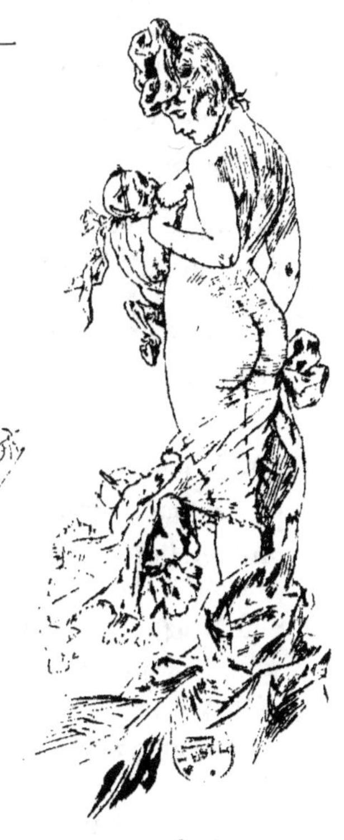

N° 153 du Catalogue.

6. Paysage brabançon (48) — l'Oracle du Hameau (95) — Garçon brasseur bruxellois (104) — L'Oncle Claes et la tante Johanna (42). Quatre pièces. Belles épreuves.

7. L'Oliviérade (55) — L'Affuteur (57). Deux pièces. Très belles épreuves, la lettre non encrée.

8. L'Experte en dentelles (58). Superbe épreuve.

9. Oude-Kate, grande pl. (60). Très belle épreuve.

10. Pallas (62). Très belle épreuve.

11. L'Ariette (63). Très belle épreuve (la lettre non encrée).

12. William Lesly (72). Superbe épreuve.

13. Complaisance (77). Très belle épreuve sur japon.

14. Petite Sorcière (79) — La Vieille aux Fleurs de lys (135) — Très vieille. Trois pièces. Très belles épreuves.

15. La Femme à la tête de mort (81) — La petite Liseuse (157). Deux pièces tirées sur la même feuille. Très belles épreuves.

16. Misanthropie (83). Très belle épreuve sur japon.

17. La Dame au carcel (85). Superbe épreuve.

18. Zud West (86). Belle épreuve.

19. Le Rydeack (87). Très belle épreuve sur japon.

20. Milice Hanovrienne (89). Très belle épreuve *avec les croquis*.

21. Seule (94). Très belle épreuve.

22. Vieux Faune (96). Très belle épreuve sur japon. On y a joint une épreuve de la pl. retouchée.

23. Le Doigt dans l'œil (99). Très belle épreuve sur japon.

24. La Vieille à l'aiguille (100). Très belle épreuve sur japon.

25. Bébé (103) — La Vieille Masken (112) — Hamadryade (561) — Vendangeuse (569) — Holocauste Cinq pièces. Belles épreuves.

26. Sortie de Bal (105). Très belle épreuve.

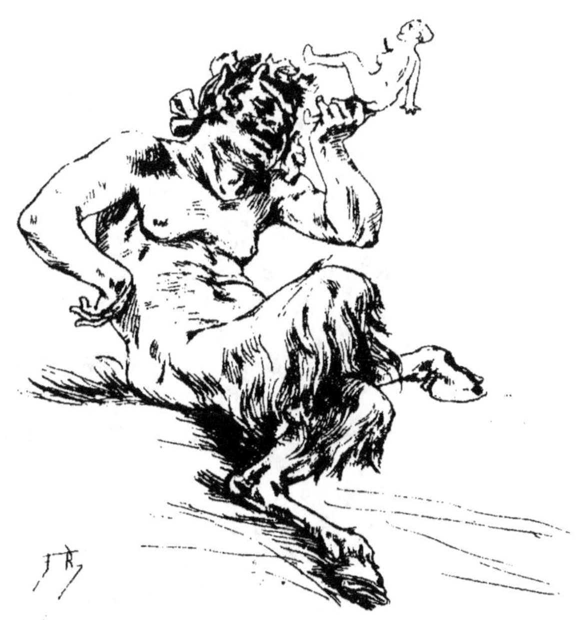

N° 49 du Catalogue.

27. Orphée (106). Très belle épreuve sur japon.

28. Les Laveuses — Sur la Lesse (110-111). Deux pièces. Très belles épreuves sur japon.

29. Jan Vandyrendonck (113). Très belle épreuve sur japon.

30. Cigogne japonaise (114) — Salamandre et Scarabée (142) — Séparés (138) — Fantaisie Japonaise (159). Quatre pl. Belles épreuves.

31. Compagnons de box (115). Très belle épreuve.

32. La Grève, petite pl. (121). Très belle épreuve sur japon.

33. Dans la Pusta, grande pl. (123). Superbe épreuve sur japon.

34. Celle qui fait celle qui lit Musset (124). Très belle épreuve.

35. La Planche du Tsigane (125). Très belle épreuve.

36. La dernière Maja (126). Très belle épreuve.

37. Ma Colonelle ! (127). Très belle épreuve sur japon.

38. Au Jardin (129). Très belle épreuve.

39. Le Semeur de Paraboles, petite et grande planches (130). Deux pièces. Belles épreuves (une sur japon).

40. La Sieste, grande planche (131). Très belle épreuve.

41. Tête de maraîchère Anversoise (136), 1ᵉʳ état. Très belle épreuve.

42. Ma Goutte (137). Très belle épreuve avec le sujet du milieu tiré à part sur japon.

43. Petite Bretonne (140) — Dans l'Atelier (151) — Conventionnel (152). Trois pièces. Très belles épreuves.

44. Le Vol et la Prostitution dominant le Monde (144). Très belle épreuve sur japon.

45. Frontispice des Œuvres inutiles et nuisibles (145). Belle épreuve sur japon.

46. Le Train des maris (146). Très belle épreuve, *signée*.

47. Guerrière (148). Très belle épreuve.

48. Le Sphinx, grande pl. (149 *bis*). Très belle épreuve sur japon. On y a joint la petite pl. gravée à l'eau-forte, soit deux pièces.

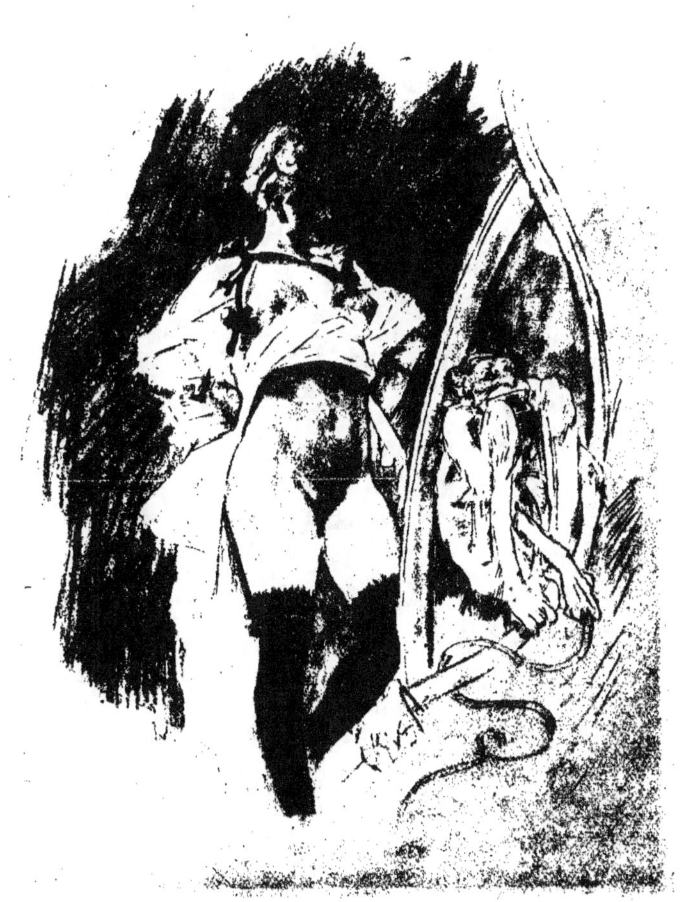

Nº 87 du Catalogue.

49. La Poupée du Satyre (150). Superbe épreuve.

50. Juillet (153). Très belle épreuve sur japon.

51. Frontispice d'une suite d'*Œuvres libres* (154). Très belle épreuve sur japon.

52. Beurre d'Isigny (155). Très belle épreuve sur japon.

53. Vieille Gouge (156) — Le Dʳ Filleau. Deux pièces. Très belles épreuves.

54. Ma Grand'Tante (158). Superbe épreuve.

55. Mademoiselle de Maupin, grande planche (162). Très belle épreuve.

56. La Foire aux Amours, petite pl. (164). Très belle épreuve sur japon.

57. Les Champs (166). Très belle épreuve, *signée*.

58. Mors syphilitica (167). Très belle épreuve sur japon.

59. O Nature (168). Très belle épreuve.

60. L'Été (169). Superbe épreuve sur japon.

61. Printemps (170). Superbe épreuve sur japon.

62. Modernité (171). Très belle épreuve d'état, sur japon.

63. La Clef des Champs (172). Très belle épreuve sur japon.

64. La Colère (173). Superbe épreuve sur japon.

65. Le dernier Pape (174). Très belle épreuve sur japon.

66. Dimanche ! (176). Superbe épreuve sur japon.

67. La Chanson du Soir (179). Superbe épreuve.

68. Bourgeoisie (181). Superbe épreuve.

69. Czardas (182). Très belle épreuve.

70. L'Attente (184). Très belle épreuve sur japon.

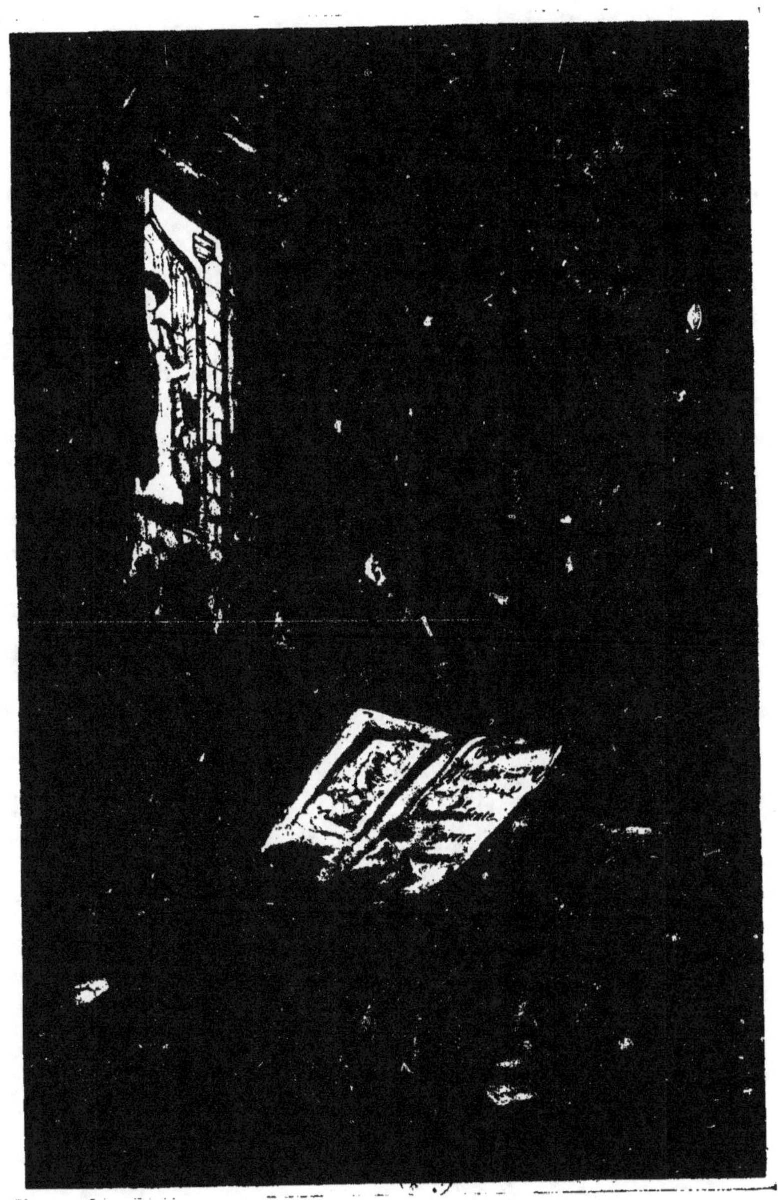

N° 144 du Catalogue.

71. Olla podrida (208). Très belle épreuve sur japon.

72. L'Ermite de la Forêt (212). Très belle épreuve.

73. La Peinture érotique (214) — Vultur Eropsicus (219). Deux pièces. Belles épreuves.

74. Paniconographie (218). Superbe épreuve.

75. Médecine expérimentale (219). Très belle épreuve.

76. Un Groom à tout faire (220). Très belle épreuve.

77. Satan créant des Monstres — Les Monstres (221-222), 2 pl. pour *les Sataniques* — Les Sataniques (223-227). Suite complète de cinq pièces, soit ensemble sept pièces. Très belles épreuves sur japon (sauf une pl.).

78. Voyage au pays des vieux dieux (228). Très belle épreuve (petite déchirure).

79. Mam'zelle Gavroche (232). Très belle épreuve sur japon.

80. Isis (233). Très belle épreuve.

81. Transformisme (234-236). Trois pièces. Très belles épreuves.

82. La Vrille (237) — Le Moineau de Lesbie (247). Deux pièces. Très belles épreuves.

83. A vous, général! (238). Superbe épreuve.

84. La Dame au cochon, grande planche (239). Belle épreuve.

85. A toi, caporal! (240). Superbe épreuve.

86. En Visite (241). Superbe épreuve sur japon.

87. Impudence (243). Superbe épreuve.

88. God of the mather superior (242). Très belle épreuve sur japon.

89. Le Joyeux bidet (244). Très belle épreuve sur japon.

90. Louis XIV! (245). Très belle épreuve sur japon.

91. Ma Fille, Monsieur Cabanel. (246). Très belle épreuve sur japon.

92. La Présidente (248). Très belle et très rare épreuve du 1ᵉʳ état, sur japon.

93. La même estampe. Superbe épreuve sur japon.

94. Satyriasis (249). Belle épreuve sur japon.

95. La Sirène (250). Très belle épreuve sur japon.

96. Sapho (251). Superbe épreuve.

97. Le Vélocipède (252). Très belle épreuve.

98. La Joueuse de flûte (253). Très belle épreuve sur japon.

99. Volupté (254). Très belle épreuve sur japon.

100. Le Major est si difficile ! (255). Très belle épreuve.

101. L'Organiste du Diable (256). Superbe épreuve sur japon.

102. La plus Belle Fille du monde... (257). Superbe épreuve sur japon.

103. Appel aux masses (258). Très belle épreuve sur japon.

104. Le Ravissement de Sœur Marie Alacoque (259). Très belle épreuve sur japon.

105. Eve (260). Superbe épreuve.

106. Puberté (261). Très belle épreuve.

107. L'Obsession (263). Superbe épreuve.

108. Petit Cousin (264). Très belle épreuve.

109. Le Pêcher mortel (266). Très belle épreuve.

110. Nubilité (267). Très belle épreuve.

111. Violence (268). Superbe épreuve.

112. La Marchande d'oiseaux (269). Très belle épreuve.

113. Messalina (270). Superbe épreuve.

114. Madeleine (271). Superbe épreuve.

115. Gabriel ! (273). Superbe épreuve.

116. Le beau Paon (274). Superbe épreuve sur papier ancien.

117. Confidence (275). Très belle épreuve sur papier ancien.

118. Perle d'Alabaceyn (276). Superbe épreuve.

119. La Chute d'un ange (277). Très belle épreuve.

120. Abus de confiance (278). Superbe épreuve, *signée*.

121. La Celle au tambour-maître (279). Très belle épreuve.

122. La Bergère (281). Très belle épreuve.

123. MENUS : Menu politique (285) — Le Paon (287) — Le Docteur (289) — Le Cochon nimbé (290) — Le Jockey (292) — Le Dindon (294). Six pièces. Très belles épreuves.

124. MENUS, LETTRINES et ADRESSES : Menu Deluc (297) Le Terme, pour Oct. Uzanne (327) — La Presse, pour Nys (328) — L'Amour au Tambourin (335). Quatre pièces. Belles épreuves.

125. MENUS ET LETTRINES : Le Cochon truffier (298) — Le Chat, pour M⁰ᵉ C. (309) — Les Violettes, pour Mᵐᵉ J.-B. (324) — Les Mirlitons, pour Judic (325). Quatre pièces. Très belles épreuves.

126. Adresse aux Palmes, pour Mᵐᵉ Duluc (333). Très belle épreuve sur japon.

127. Le Massage, grande pl. (351). Très belle épreuve sur japon.

128. FRONTISPICES : Amusements des Dames de Bruxelles (353) — Chanson badines, de Collé (354) — Les Cousines de la Colonelle (360) — La Fleur lascive orientale (402) — Le Diable dupé par les Femmes (416) — La Messe de Gnide (419). Six pièces. Très belles épreuves sur japon.

N° 77 du Catalogue.

129. Catéchisme des Gens Mariés (415). Très belle et rare épreuve de 1er état sur japon.

130. Frontispice pour le *Grand et le petit Trottoir* (374), *avant* l'inscription — Frontispice pour *Rimes de joie*. Deux pièces. Très belles épreuves.

131. Les Cythères Parisiennes, pl. d'ensemble (375). Très belle épreuve sur japon. *signée*.

132. Art moderne ou la Lecture du grimoire (413). Très belle épreuve sur japon.

133. Folies-Bergère (414). Très belle épreuve, *signée*.

134. Le Roman d'une nuit, grande pl. (418). Superbe épreuve sur japon.

135. Frontispice pour le *Vice suprême*, de J. Péladan, petite et grande pl, (428). Deux pièces. Très belles épreuves (une sur japon).

136. FRONTISPICES : La Sphère de la Lune (435) — Les Exercice de dévotion de M. Roch (447) — le Roman d'une nuit (527). Trois pièces. Très belles épreuves, *une tirée en couleurs*.

137. L'Amour à travers les Ages, grande pl. (445). Très belle épreuve.

138. La Vie Elégante, frontispice, héliogravure (446). Très belle épreuve.

139. Les Exercices de Dévotion de M. Henri Roch, grande pl. (447). Belle épreuve.

140. Derrière le Rideau ou Curiosité (514). Très belle épreuve sur japon.

141. Petit modèle (533). Très belle épreuve sur japon.

142. Premier Pas (534). Superbe épreuve sur japon.

143. La Cuisine de l'Auberge des Artistes, à Anseremme (538). Très belle épreuve sur japon.

144. Evocation ou Incantation (540). Superbe épreuve sur japon, *signée*.

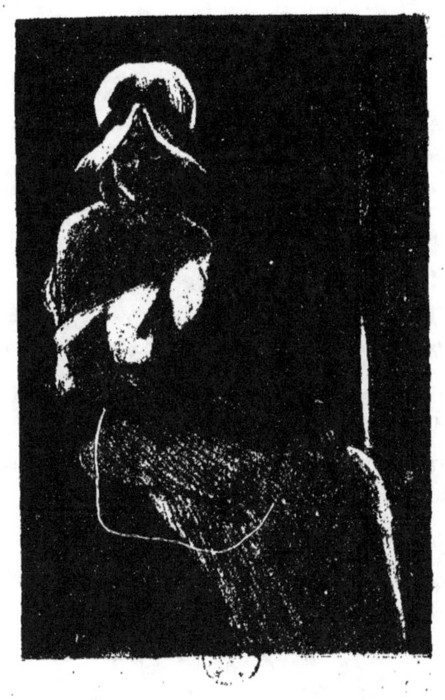

N° 54 du Catalogue.

145. Le Gaillard d'arrière (555). Très belle épreuve.

146. Plénipotentiaire (557). Très belle épreuve sur japon.

147. Le Coup de la Jarretière (560). Superbe épreuve.

148. La Messagère du Diable (561). Superbe épreuve.

149. Vénus Milita (562). Très belle épreuve sur japon.

150. Soetkin et le petit Uylenspiegel (564). Très belle épreuve.

151. Mater Dolorosa (567). Superbe épreuve sur japon.

152. Masques Parisiens (570), petite pl. Superbe épreuve, *signée.*

153. La Nourrice aux satyrions (573). Très belle épreuve du 1ᵉʳ état, sur japon.

154. La Pantoufle de Cendrillon (577). Très belle épreuve.

155. Porteuse de poisson (579). Très belle épreuve sur japon.

156. Pénombre (581). Très belle épreuve sur japon.

157. Speculum (613). Superbe épreuve.

158. La même estampe.

159. Grosse Gaité (619). Très belle épreuve.

160. Le Cœur sur la main (621). Superbe épreuve sur japon.

161. La Luxure ou le Pilori (624). Superbe épreuve.

162. Mors Amabilis (625). Très belle épreuve sur japon.

163. La même estampe. Très belle épreuve.

164. Courtoisie exagérée (627). Très belle épreuve du 1ᵉʳ état, *tirée en sanguine.*

165. Accouplement préhistorique (630). Superbe épreuve.

166. Frontispice pour l'*Incantation sentimentale*, de
Péladan (635). Très belle épreuve sur japon,
signée.

167. Maturité (637). Très belle épreuve sur japon.

168. La Pudeur de Sodome, petite pl. (638). Superbe
épreuve.

169. Ecchymoses — Auscultation (657-658). Deux pl.
pour les *Sonnets du Docteur*. Superbes épreuves.

170. La Grande Lyre, frontispice pour *Poesie*, de
Mallarmé (678). Superbe épreuve d'état, *avec
dédicace*.

171. Centauresse (697). Très belle épreuve.

172. La Mort qui danse. Superbe épreuve, *signée*.

173. Sous ce numéro, il sera vendu seize pièces par et
d'après Rops. *Ce numéro sera divisé*.

ROPS (d'apr. F.)

174. Au Pays de Féminies — Les Cabotinages de
l'Amour. Deux pièces. Très belles épreuves, *avec
remarques, imp. en couleurs*, sur japon.

FRAZIER-SOYE

GRAVEUR IMPRIMEUR

153-155-157, Rue Montmartre

PARIS